D1272115

Juegos con números

Ray Gibson

Ilustraciones: Amanda Barlow
Redacción: Fiona Watt
Directora de la colección : Jenny Tyler

Índice

Traducción: Mónica Tamariz   Redacción en español: Noemí Rey y Jill Phythian

Para empezar

En este libro hay actividades, como la de esta página, en las que jugarás a contar, a sumar, a restar y a repartir cosas. Para hacer algunos de los juegos tendrás que recortar figuras de papel, pero no hace falta que te queden perfectas.

De compras

¿Cuántas cosas hay en el carro?

Recorta fotos de comida de una revista.

Pon las
fotos en el
carro vacío,
de manera
que los
dos carros
tengan
el mismo
número
de cosas.

Barcos de vela

¿Cuántos barcos hay en total?

¿Cuántos barcos tienen 2 velas?

Recorta triángulos de
papel y colócalos en
los mástiles para que
todos los barcos
tengan 2 velas.

¿Cuántas velas
hay ahora?

Patas de araña

¿Cuántas arañas
hay en total?

¿Cuántas patas
tiene cada araña?

¿Cuál es la araña
que tiene más
patas?

6

Corta trocitos de lana y pónselos a las arañas como si fueran patas de manera que cada una tenga 8 patas.

Grúas en acción

¿Cuántas cajas lleva cada grúa?
¿Cuántas cajas llevan las
grúas en total?

Recorta varias cajas de
papel y añade una a cada
grúa. ¿Cuántas cajas hay
ahora en total?

Añade una caja más
a cada grúa.
¿Cuántas cajas llevan
ahora las grúas?

Aviones y nubes

¿Cuántos aviones ves en el dibujo?

Recorta unas cuantas nubes
de papel y tapa 3 aviones.
¿Cuántos aviones ves ahora?

10

Tapa 2 aviones más
con nubes de papel.
¿Cuántos aviones
quedan a la vista?

11

Monos vergonzosos

¿Cuántos monos hay
en el árbol?

Recorta unas hojas de
árbol grandes de papel
y tapa con ellas los
monos pequeños.

¿Cuántos monos
quedan?

Extiende 1 dedo por
cada mono que
quede.

Un mono se va a
buscar comida.
Quita 1 de los dedos.
¿Cuántos monos
quedan ahora?

Camiones cargados

Recorta unos ladrillos de papel y pon 3 en cada camión.

Dibuja un círculo con el dedo alrededor de cada grupo de 3 ladrillos.

¿Cuántos grupos de 3 hay?

Cuenta todos
los ladrillos.
¿Cuántos hay?

Vuelve a jugar, esta
vez con 2 ladrillos
en cada camión.

Loros comilones

Da de comer
cacahuetes a los
loros.

¿Cuántos cacahuetes
necesitas si quieres
dar 1 cacahuete a
cada loro? Para ver
si has acertado,
dale 1 cacahuete
a cada loro.

Dale 2 cacahuetes
a cada loro.
¿Cuántos cacahuetes
hay en total?

Dale a cada loro
3 cacahuetes.
¿Cuántos hay
ahora?

Perritos juguetones

Corta 2 pajitas en 6
trozos cada una para
hacer unos huesos
de mentirijillas.

Reparte los huesos
entre los perros
hasta que no te
quede ninguno.

Ahora reparte
todos los huesos
entre 2 perritos.
¿Cuántos le tocan
a cada uno?

Y si repartes
todos los huesos
entre 3 perritos,
¿cuántos le tocan
a cada uno?

18

19

Osos gordinflones

Corta 10 trozos de
papel de aluminio
y estrújalos para
darles forma
de pez.

Da 2 peces
a cada oso.
¿Cuántos peces
te quedan?

¿A cuántos osos
les puedes dar
3 peces?
¿Cuántos peces
sobran ahora?

¿A cuántos osos
les puedes dar
4 peces?

Ranas saltarinas

Fabrica una rana como ésta.

Dobla un papel.

Haz
dos
cortes.

Dobla el papel que
queda entre los cortes.

Dibuja la cara y
las patas.

Pon la rana en
el estanque.

Si la rana da un salto
en cada nenúfar de color rosa,
¿cuántas veces tiene que saltar
para cruzar el estanque?

¿Y si da un salto
en cada nenúfar
amarillo?

Dos jirafas

Cuenta las manchas de la jirafa grande y luego las de la jirafa pequeña. ¿Cuál de las dos tiene más manchas?

Recorta en un papel 5 manchas y pónselas a la jirafa pequeña. ¿Cuál tiene más manchas ahora? Y, ¿cuál es la que tiene menos manchas?

Añade un número
distinto de manchas
a la pequeña.
¿Qué jirafa tiene más
manchas ahora?

Platos de pasteles

¿En cuántos platos hay **6** pasteles?

Recorta pasteles de papel y colócalos en los platos hasta que haya **6** pasteles en cada plato.

¿Cuántos pasteles has tenido que añadir al plato blanco?

¿Y al plato azul?

¿Y al plato amarillo?

Peces de colores

Recorta círculos de papel del tamaño de los lunares que tienen los peces.

Tapa los lunares del pez grande naranja con los círculos que has recortado. ¿Cuántos necesitas?

Tapa los lunares de cada uno de los otros peces. ¿Cuántos círculos necesitas cada vez?

Fíjate en los dibujos que forman los lunares de los peces.

Coloca 4 círculos en el pez que no tiene ninguno, haciendo un dibujo.

Abejas y flores

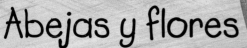

Dibuja 3 abejas y recórtalas. Pon una abeja en cada una de las flores grandes. Recorta 9 cuadraditos de papel y pinta 3 de ellos de color rosa, otros 3 de color azul y otros 3 de color morado.

Mete los cuadraditos en una bolsa y saca uno. Si es rosa, mueve la abeja de la flor rosa a la siguiente flor. Si es azul, mueve la de la flor azul y si es morado, la de la flor morada.

Devuelve el cuadradito a la bolsa y saca otro.

¿Qué abeja ha llegado a la colmena en primer lugar? ¿Y en segundo lugar? ¿Y en tercer lugar?

¿Cuántos puntos?

Cuenta los puntos que hay en cada animal.

Para ver la otra mitad de los animales, haz un espejo con un trozo de cartón recubierto de papel de aluminio y colócalo junto al borde recto de cada figura. Cuenta los puntos otra vez. ¿Cuántos puntos tienen ahora?